# 秘密結社マーケティング

Secret Society Marketing

波房克典

Parade Books

# Contents

006 はじめに

008 **chapter 01**
ムーブメントデザイン
**ありがちな
10の失敗**

030 **chapter 02**
幸せなムーブメントを
デザインする
**秘密結社
マーケティング**

032 秘密結社とは（再定義）

033 秘密結社マーケティングが実現する
4つのファンタジー

034 秘密結社マーケティングの手法 その1
## 潜在的な「共感」を
## メディア化する。

046 秘密結社マーケティングの手法 その2
## 名乗ったことで、
## ある領域の権威になる。

056 秘密結社マーケティングの手法 その3
## 火種の存在と
## 純度の高い熱源づくり。

066 秘密結社マーケティングの手法 その4
## 独特の世界観を共有し、
## 演じきる。

076 秘密結社マーケティングの手法 その5
## エネルギーはソトに向けず、
## ウチに向ける。

088 秘密結社マーケティングの手法 その6
# 次々と
# ニュースを生み出す技術。

098 秘密結社マーケティングの手法 その7
# つなげる技術、
# つながる技術で遊ぶ。

110 秘密結社マーケティングの手法 その8
# 権威から、
# 称賛を生み出す。

118 chapter 03
# 秘密結社を語る
# セルフ
# ヒストリー

130 終わりに

# はじめに

著者は、2006年に、日本ロマンチスト協会という秘密結社的コミュニティを立ち上げました。当時、立ち上げに際して、ある先輩からいただいた、アドバイスとも警鐘ともいえる言葉が、いまも胸に突き刺さります。それは構想を話す度、彼に言われ続けた**「大丈夫か？」**という言葉です。最初は、何に対して大丈夫なのか、と自問自答しました。しかし、議論を重ねるうちに、「大丈夫か？」の意味がだんだんとわかってきました。日本ロマンチスト協会の活動理念は、**"大切な人を世界で一番幸せにできる人"をロマンチスト**と呼び、そんなロマンチストが増えれば、社会はもっと豊かでハッピーになる、というものです。つまり、**その活動理念の体現者として自ら立つということは、プライベートさえもさらけ出しながら、自らの行動や発言にウソはないか、ということを社会から常に問われるようになる**、という忠告だったのです。逆にいえば、そこにウソがある場合、あっという間に社会から信頼を失い、誰からも相手にされなくなる、という警鐘でした。

思い返せば、思い返すほど、本当にステキなアドバイスでした。それまで、こんなことができたら面白い、こんなことをやったら事件じゃないか、という現象面にばかり捉われて、この活動を始めることにワクワクしていたのですが、根本から考え方が変わりました。

著者が、日本ロマンチスト協会なる団体を立ち上げようと考えていたのは、ある挑戦的な理由がありました。少年期から、著者は、**「君はロマンチストだね」**と言われることが多くあり、

そこには「**夢見がち**」だとか、「**妄想癖**」があるといったニュアンスが含まれ、**ロマンチストの対義語がリアリストだという言説**に、ずっと違和感があったからです。夢見がちで何が悪い、夢を見れない大人の方が寂しいじゃないか。**その夢を本気で実現しようと動き出したとき、ロマンチストは究極のリアリストになる**、というのが著者の持論です。そして、そういうエネルギーはたいてい、利己的に動き出すよりも、利他的であろうとした方が多くの賛同者を集める、ということも感覚的に知っていました。つまり、恋愛でも職場でも、「誰かを幸せにしたい」というエネルギーは、結果として、自分自身やその周囲までも幸せにします。著者自身、そんな理念の体現者でありたいと思っていました。

普段の肩書や立場とは関係がない、活動理念のイチ体現者として、自ら立つと決めたとき、これまでとは全く違う地平に立っている自分に気がつきました。昨今、さまざまなソーシャルプロジェクトがある中、この姿勢は、とても大事なことではないかと考え、本書をまとめるに至りました。

---> # chapter 01

ムーブメントデザイン
# ありがちな10の失敗

# 運動づくりは生き物です。

昨今、ソーシャルプロジェクトが増えています。いわゆるソーシャルイシューを解決するテーマ型の運動づくりです。官公庁でも、広告キャンペーンより、テーマでさまざまな主体が連携する運動づくりの方に主眼が置かれます。地方自治体も、地域課題を地域一丸で解決できる運動づくりを模索しています。また企業も自社の事業と親和性の高いテーマに基づくソーシャルプロジェクトを志向しています。個人でも自ら運動を立ち上げ、活動の主体性と自立性を保ちながら、行政や企業を巻き込んでいる人たちもいます。そのような中、**どうも向き合う姿勢が違う、それだと誰も動かない。そんなプロジェクトにも出会います**。名もなきイチ生活者の心をとらえ、その「共感」をデザインしていくためには、いくつかの前提となる基本姿勢があります。広告プロモーション型のキャンペーンと違い、運動づくりは、コミュニケーションデザインであり、いわば血の通った生き物そのものです。プロジェクトに血を通わせ、プロジェクトに賛同や称賛が集まり、その取組や活動自体が、自発的に増殖・拡大していくには、**それに向き合う人たちの基本姿勢をデザインする必要があると考えます**。

chapter 01 | ムーブメントデザイン ありがちな10の失敗

## ソーシャルムーブメントづくりで ありがちなシーン

①

○○のため、
市民の皆さまに、
○○○の活動を
呼びかけています。

# 常に問われるのは、
# あなた自身の主体的な行動と姿勢。

たとえば、地球温暖化防止を呼びかける
**官公庁や地方自治体の役職員が、**
**夜中まで煌々と電気を灯して仕事をする。**
社会課題解決のために、
昼夜問わず働く姿勢は一見、立派です。
しかし、呼びかける本人が、
主たる実践者ではない運動は説得力に欠けます。
結果として、市民の賛同を得られません。
そのムーブメントをデザインしようと試みるとき、
まずは自分自身が、イチ市民として、
イチ個人として、主たる実践者になり得るかという、
その基本姿勢を問うことから始めましょう。
そして運動の主体者として、自ら実践してみると、
単なる呼びかけとは違う地平が見えてくるはずです。

### ソーシャルムーブメントづくりで
### ありがちなシーン

②

これはやった方がいい。
こういうのは、
○○○が
やるべき仕事ですね。

# 他人任せの発言は、どこか後ろ向きで、主体的に参加した人の不信を買う。

「これはこういう風にやった方がいいですよ」
「こういうのは〇〇〇がやるべき仕事ですね」
プロジェクトを推進するミーティングの場において、
そんな発言をよく耳にします。
それは一見、有効なアドバイスのように思えます。
**でも、その発言はどこか他人任せで、
他者がやることが前提です。**外部アドバイザーに
請われた人の発言としては、よいかもしれませんが、
そもそもアドバイザーなど必要でしょうか。
そのプロジェクトに主体的に参加し、挑戦的かつ
大胆にやろうと決めた人たちの会議の場では、
不思議なことに、他人任せの発言は出ません。
プロジェクトの成功を考えたとき、参加者は全員、
主体者である、という基本姿勢で臨むべきです。

ソーシャルムーブメントづくりで
ありがちなシーン

これはきっと、
流行るはず。
これを仕掛けたらよい。
だったら自分でやれば？

## おもしろいと思うなら、流行ると思うなら、まずは自分でやってみたらいい。

広告プロモーション型のキャンペーンであれば、
メディア戦略を駆使し、驚くような演出で盛り上げ、
予算さえ許せば、自分のサイズを超えたアイデアも
実現できます。しかし、ソーシャルムーブメントの
推進現場では**"自ら何をやるのか"**を求められます。
広告キャンペーンは、あくまで仕掛けであり、
**"事実の形成"ではありません。**
あなたのアイデアや企画で、名もなき一般市民
1000人が、自発的にアクションを始めるでしょうか。
ムーブメントデザインとは人の行動様式の変化です。
つまり、**何もないところから自ら火をつけて、**
**自分のアイデアと行動力を最大限に駆使して、**
**自らその運動を牽引していく。**
そういうプランニングや自らの行動が問われるのです。

chapter 01 | ムーブメントデザイン ありがちな10の失敗

ソーシャルムーブメントづくりで
ありがちなシーン
④

今日は、
まちづくりの専門家の
○○さんの
ワークショップ。

# 関わる以上は、具体的なアイデアや具体的なサポートを出口に考えるべき。

これまで著者は、多くの"まちづくりワークショップ"に
参加したり、自ら主催してきました。
その中には、素晴らしいファシリテーションで、
参加者のモチベーションを引き出し、実際の行動に
つなげていく講師の方もいました。著者が参加し、
素晴らしいと感じたワークショップの講師は、大抵、
何らかのプロジェクトを、自ら推進しています。
体験に裏打ちされた発言には説得力があります。
いま、多くの"まちづくり"現場で求められているのは、
具体的なアイデアであり、具体的なサポートです。
専門家という肩書を持たずとも、**誰に頼まれた訳でもなく、自ら動き出す人たちはたくさんいます。**
その一方、**主体者意識を欠いて現場を訪れる"専門家"と呼ばれる人が多い**ように思えます。

chapter 01 | ムーブメントデザイン ありがちな10の失敗

ソーシャルムーブメントづくりで
ありがちなシーン

⑤

○○だけ、
特別扱いすると、
他からも言われるので
困ります。

# 「横並び」主義は、誰とも主体的に関わりません、と言っているのと同じ。

「○○だけ特別扱いすることはできません」
公的機関との会議で、このようなことを言われます。
その基本姿勢は「公平」であるという理屈ですが、
「横並び」は、結果、何も生み出さないことが
多いのです。この発言は、どんなプロジェクトにも
主体的に関わらないと言っているとも理解できます。
ビジネスの世界でも、**"小さな成功事例"** づくりは
非常に重要です。その成功の汎用性・拡張性をみて、
事業に資金が集まります。市民の勝手力が、
いつの間にか、大きな渦を生み出すことがあります。
誰かが勝手に始めたことで、モチベーションが
高い事業は、積極的に応援すべきです。
**"率先主義"で、まず動き出した人を支援すると、**
**賛同や称賛が追随し、創造的連帯が生まれます。**

ソーシャルムーブメントづくりで
ありがちなシーン

わたしは

プランナーなので、

実際に、

やるのは皆さんです。

# 主体者意識を持たずに関わると、結局、信頼関係を築くことができない。

「地域活性化に関心があります」
「ソーシャルプロジェクトを手がけています」
そんな発言をする職業プランナーが増えてきました。
社会全体としては、よい傾向だと思います。
その一方で、関わり方が中途半端であったり、
失礼な姿勢で向き合っているプランナーもいます。
「地域活性化」という言葉は中央視点の言葉です。
**"活性化されるべき主体"がある、という視点は
どこか横柄な気がします。**地元には、実際に
生活する人がいて、地元の意思や志があります。
外部からサポートするとき、地元との信頼関係を
築くことができるかが非常に重要なのです。
**信頼関係を築くには、飛び込み、汗をかくことです。**
主体者姿勢がない人は関わるべきではありません。

ソーシャルムーブメントづくりで
ありがちなシーン

これをしたらどうなるのか
それによりどうなるのか
あらかじめ、
説明できるように……。

# 運動づくりは生き物であり、運動に血を通わせるのは、主体者の熱である。

広告プロモーション型のキャンペーンは、明確に、送り手と受け手をイメージして、メディア戦略やコンテンツ戦略を組み立てます。その効果も、ある程度の予測が立つため、"説明できる提案"であると言えます。しかし、テーマ型運動づくりは、違います。**送り手と受け手という垣根を越えて、主体的な担い手を増やしていく活動です。送り手は、主たる実践者であることが求められ、その姿勢に賛同した受け手も、担い手になっていく、**そんなサイクルづくりです。これをやったらどうなるのか、ではなく、自らやると決めることです。やると決めた人たちが、実践者であり続けることです。その本気が追随者を生みます。その熱が大きいほど、賛同と称賛が集まり、思わぬ連携と連帯を創ります。

ソーシャルムーブメントづくりで
ありがちなシーン

⑧

あのとき、会議の場で、こうすべきだと主張してた○○さんってどうしてる?

# あなたは本当に最後までやる人なのか。
# その発言や行動ひとつで信頼を失う。

企画現場では、時折、「声のデカいやつが勝つ」。
それは会議の進行を掌握し、独自の理論に基づき
グイグイと議論を導いていく人のことです。
プランニング段階では、このような人は重宝され、
その「声のデカいやつ」が導いた企画設計に基づき、
実施フェーズに移ります。ところが現場が動き出すと、
その「声のデカいやつ」の姿が見えなくなります。
いわゆる言い出しっぺが、いつの間にかいなくなる、
という状況です。**最終現場にコミットしない人の
発言は、現場感が欠如しており、スタッフを泣かせ、
苦労させます。**最後までやる、と決めた人が
プランニングすべきです。またそういう人に限って、
**企画が実現したとき、アレはオレがやったと、
アレオレ詐欺をしがちです。**

### ソーシャルムーブメントづくりでありがちなシーン
### ⑨

これは難しいね。

その手も難しいよ。

あの手もわかるけど、

やっぱり難しいね。

# 石橋を叩きすぎて、結局、壊してしまう。
# だったら、思い切って始めてみた方がいい。

プロジェクトを推進する会議の現場で、
よく「難しい」が、連発されるシーンがあります。
物事を進める上で、慎重さはとても大切です。
しかし、**いろいろな方向性を検証した結果、**
**「難しい」を連発し、その結果、どこにも向かわない**
ということがよくあります。すると、やろうと決めた
スタッフのモチベーションは急降下します。
**その「難しい」は本当に難しいのでしょうか。**
物事は一朝一夕ではいきません。積み上げた結果、
辿り着く場所もあります。だから、**これから始める**
**現時点においては、「難しい」ことが多いのです。**
ですが、現時点でできることを、まずは思い切って
やってみるということの方がよっぽど大事です。
**やり続けた人にしか辿り着けない地平があります。**

chapter 01 | ムーブメントデザイン ありがちな10の失敗

ソーシャルムーブメントづくりで
ありがちなシーン

それは上の人が、
勝手に決めたこと。
だから、
私たちは知りません。

# どうせやらなければいけないなら、楽しんでやった方がいいと切りかえる。

いま市町村は、首長自らトップセールスマンとして、
SNSなどを駆使して、まちを売り込んでいます。
そのようにトップが矢面に立って活動をしていると、
さまざまな話が舞い込んできます。
そういったトップと外部の誰かが決めた企画が、
突然、現場に下りてくることがあります。
自分たちが知らないところで決まった企画に、
モチベーションを高めるのは無理な話かもしれません。
しかし職制ではなく、**テーマや理念自体に強い
帰属意識を持っている人たち**は、その話が、
「自分のまちを元気にする機会」であると捉えたら、
野心的に利用した方がよいと考え、**自分自身の
遊びポイントを考え始めます。どうせやるのなら、
楽しんでやった方がいい**ということです。

# chapter 02

幸せなムーブメントをデザインする
## 秘密結社マーケティング

# 共感の連鎖が社会を動かす。

インターネットの発達により、多様な「価値」を、生活者自身の手で顕在化できるようになりました。すると、一見マニアックでマイノリティだと思われてきた「価値」が、実はそれなりの「共感」を集めていることに気づきます。そのような中、様々なジャンルのファンやマニアが、自ら立ち上がり、名乗りを上げるようになりました。**彼らは、非常に挑戦的であり、野心的です。そしてクリエイティビティに溢れ、独特の世界観とルールを持っています。**いわば、現代に暗躍する秘密結社です。そんなディープな「共感」でつながった人たちは、様々なジャンルで、誰に頼まれた訳でもなく、自ら「事件性の高い話題」を提供しながら、ムーブメントを起こしています。それは、いわゆる従来の広告プロモーション手法とは全く異なり、**やり続けるほどに、賛同や称賛が連鎖・連帯し、取組自体が自発的に増殖・拡大していくという特徴を持っています。**そして、そこには一定の法則性があるような気がしています。それらを汎用的な技術として分解することで、地域コミュニティなどが抱えている多くの課題解決に寄与するのではないかと考えました。それらを**「秘密結社マーケティング」**と呼んでみます。

## 秘密結社とは（再定義）

[ あるテーマや理念、嗜好性が持つ「価値」に「共感」し、イチ個人として賛同表明をした人たちによる友愛の集い。 ]

[ その在り方に、独特の世界観と儀式性を有し、あるテーマ領域の最高権威であることを、"遊び心"として志向するコミュニティ。 ]

[ 社会的なヒエラルキー（普段の肩書）を一切持ちこまず、構成員の帰属意識が高く、横の結束が強いコミュニティ。 ]

# 秘密結社マーケティングが実現する4つのファンタジー

**① 事件として扱われる！**

企業PRや広告宣伝ではなく、**"社会的な事実"**として報道され、話題になる。

---

**② メディアが追いかけてくる！**

存在自体が話題を呼び、活動すればするほど、マスコミから次々と問い合わせが来る。

---

**③ 偶然をマネジメントできる！**

構成員の主体的なモチベーションが重なるとノリと勢いで**"勝手連"**が生まれる。

---

**④ 社会現象が生まれる！**

やり続けることで、称賛と賛同を生み出し、いつの間にか運動の担い手が増えていく。

chapter 02 ｜ 幸せなムーブメントをデザインする 秘密結社マーケティング

## 秘密結社マーケティングの手法
# その①

潜在的な
「共感」を
メディア化する。

潜在的な「共感」を言語化することにより、
「共感」自体がメディア化され、
コミュニティ化していく。

# 潜在的な共感を現象化する。

かつて、育児ができる男子はカッコイイ、
もしくはカッコよくあるべきだ、称賛されるべきだ、
という潜在的な「共感」が
「イクメン」と言語化されました。
それにより、その「共感が顕在化」し、
賛同者が自ら名乗りを上げて増え続けました。
**まさに、「共感」が言語化されたことにより、**
**メディア化され、コミュニティ化していく、**
**という社会現象が生まれました。**
世代を問わず女性たちの赤裸々な駄話は、
古今東西、新しい現象ではありませんが、
その「共感」を「女子会」と名称化したことで、
現象が顕在化していきました。
昨今の「タイパ」「推し活」なども同様です。

秘密結社マーケティング

①-①

「潜在的な『共感』をメディア化する」実践ワーク

# メガトレンドは
# もはやどこにも、
# 存在しない。

# ビオトープ化された潜在的な「共感」が複層的に存在していると捉えてみる。

インターネットが出現する以前は、イチ個人が
**自分自身の主義主張や趣味嗜好を、**
**「態度表明」する手段は少なかった**と思います。
そのため、ある特定の嗜好性を持つ人の規模を
把握することがとても困難でした。
しかし現在、誰もがブログやSNSなどで
主体的に情報発信ができ、趣味や嗜好性という
「共通」で人がつながっていきます。
すると、○○が好き、という潜在的な「共感」は、
誰もが好きな訳ではないが、必ず好きな人がいます。
この境地に立つと、メディアの捉え方が変わります。
**潜在的な「共感」を顕在化しようと試みることで、**
**「共感」そのものがメディアになり、**
**コミュニティになる**、ということに気がつきます。

秘密結社マーケティング

「潜在的な『共感』をメディア化する」実践ワーク

仲間がいる、
という前提に立つと
動き出せる。

# 自分の中の「共感」は、それ自体が、メディアであると考えた方がいい。

いま脳内で、一瞬でも、おもしろいとか、楽しいとか、
そのような**「共感」が芽生えたら、規模の大小は
ともかく、同じような「共感」を抱く人が
存在するはずだ、**と考えた方がいいと思います。
実際、同じような「共感」で集うコミュニティは、
どこかに存在するか、まだ顕在化されてはいないが、
相当なポテンシャルを秘めている可能性があります。
ちなみに、著者は、「ミネルバトンサーガ」という、
マイナーなファミコンゲームの大ファンなのですが、
常々、このゲームの素晴らしさを語れるのは、
自分しかいないと思っていました。
しかし、あるSNS内には既にコミュニティが存在し、
数百人以上の人が著者と同じことを語っていました。
**自分の「共感」は、誰かの「共感」とつながっています。**

秘密結社マーケティング

①-③

「潜在的な『共感』をメディア化する」実践ワーク

自分の中の、
「共感」さがしから
はじめてみる。

# 大義や理屈だけでは人は動かない。
# この当たり前のことを忘れがち。

「地球温暖化防止のためにレジ袋は断ろう」
「食料自給率向上のため米を食べよう」
「熱中症予防のため水分補給はこまめに」
このようなテーマのプロジェクトを推進する際、
**"当たり前のことを当たり前"に呼びかけるだけでは、**
**誰も行動を起こしません。**ソーシャルムーブメントとは、
人の行動様式を変えることです。
社会的な大義を呼びかけることは大事なことですが、
それで人が動くのか、というのはまた別の話です。
**自分自身が、イチ個人として呼びかけられたとき、**
**やり続けることができるか、という内省がないままに**
**プランニングし、推進する人が多い気がします。**
自分自身が対象ではないとしても同様です。
**人が行動を喚起する「共感」を真剣に探しましょう。**

chapter 02 ｜ 幸せなムーブメントをデザインする 秘密結社マーケティング

秘密結社マーケティング

①-④

「潜在的な『共感』をメディア化する」実践ワーク

もっともらしさと、
バカバカしさの
バランスが大事。

# もっともらしいけど、バカバカしい、そのメッセージは思わぬ「共感」を生む。

**「スイカは、世界平和の切り札かもしれない」**
「いま日本に愛と勇気とコロッケが足りない」
「ふんどしで、社会の風通しをよく」
スイカファンのコミュニティのメッセージを例にとると
実は、スイカの消費と、核家族化・少子化は
リンクします。家族の単位が小さくなったことで、
スイカを丸ごと購入する家庭が少なくなりました。
かつての大家族社会では、**大玉スイカを切ると家族が集まり、スイカを取り巻く思い出には、いつも笑顔が溢れていました。**たとえば、職場でも、
大玉スイカを切ると、人が集まり、笑顔になります。
つまりスイカには集合力があり、笑顔創造力がある。
世界平和とスイカ、一見、何も関係もないことを
大胆につなげてみると、思わぬ「共感」を生みます。

chapter 02 ｜ 幸せなムーブメントをデザインする 秘密結社マーケティング

## 秘密結社マーケティング
## ①-5
「潜在的な『共感』をメディア化する」実践ワーク

パロディ力と
ダジャレ力で、
注目を集める。

# 共感をデザインする、という視点で、ダジャレ化、パロディ化を試みる。

「レディーガガ」→「レディ加賀」

「スカイツリー」→「スイカツリー」

「小浜市」→「オバマ」

「イケメン」→「イクメン」

「フリーメーソン」→「フリーソーメン」

著作権や商標などに十分に注意しながらも、

すでに、周知されている言葉や現象を、

ダジャレ化する、パロディ化することで、

あっという間に全国区の注目を集めることができます。

テーマそのものの「共感」をデザインできなくても、

**ダジャレやパロディが生まれた瞬間、**

**アイデアが突き抜け、思わぬ賛同やつながり、**

**コラボレーションを生みます。** その大胆な挑戦は、

「共感」をデザインする糸口になります。

chapter 02 ｜ 幸せなムーブメントをデザインする 秘密結社マーケティング

## 秘密結社マーケティングの手法
# その②

### 名乗ったことで、ある領域の権威になる。

ネーミングライツと同じで、名乗った時点で権威となり、以後、実態を伴う活動により、名実共に権威団体になる。

# 権威で遊んでみる！

著者が発起人として作り上げた団体に、
日本ロマンチスト協会、全国丼連盟、
日本コロッケ協会などがありますが、
それらの団体はいずれも、名乗った時点で、
メディア等に、その領域の業界団体であるか、
もしくは格付団体だと認識されていきます。
世の中には、〇〇協会と名乗る団体には、
いわゆる本当の業界団体、格付け団体も
存在します。ネーミングライツ(※)と同じである、
と著者が示唆するのは、
当該領域で〇〇協会、〇〇連盟などが
存在しない場合、**名乗った時点で、**
**その領域の価値基準などを規定できる**
**権威団体になれる**ということです。

(※)スポーツ施設や公共施設等に企業名等をつける権利のこと

chapter 02 | 幸せなムーブメントをデザインする 秘密結社マーケティング

# 秘密結社マーケティング
## ②-①
### 「名乗ったことで、ある領域の権威になる」実践ワーク

まずは大胆に、

名乗りを

上げてみる。

## どの領域をとるかを考え、その領域のオフィシャル団体を志向する。

**名乗った時点で権威であり、ネーミングライツです。**
それはやや大げさな表現かもしれませんが、
「○○が好き」などの「共感」を顕在化し、
メディア化、コミュニティ化していく手段として、
「○○○協会」、「全国○○○連盟」、
「世界○○○サミット」「国際○○○機構」など、
領域名と、公益感のある組織体名を組み合わせて
名乗りを上げましょう。さらに一般社団法人等の
法人登記を行うと、当該領域のオフィシャル団体だと、
社会から認識されます。**そして実態のある活動を
続けると、当該領域の権威団体として認知され、
さまざまな人や企業、情報が勝手に集まってきます。**
まずは押さえたい領域の団体名が存在するか。
存在しなければ、大胆に名乗りを上げてみましょう。

chapter 02 ｜ 幸せなムーブメントをデザインする 秘密結社マーケティング

秘密結社マーケティング

②-②

「名乗ったことで、ある領域の権威になる」実践ワーク

ステートメントは、
大胆かつ、挑戦的で、
もっともらしく。

# 活動の指針となるメッセージを、大胆で挑戦的に考えてみる。

**単なる「〇〇が好き」という集いよりも、
「〇〇が好き」であることを通じて、
社会や世界に貢献するという志向性を持った方が、
より多くの賛同と称賛を集めることができます。**
一方、マジメなことをマジメにやるのではなく、
「大義」と「共感」、大胆さと、もっともらしさとの
バランスは、とても大切です。
「ロマンチストという、大切な人を世界で一番
幸せにできる人が増えると社会は創造的になる」
「丼とは器の中に広がる創造的な宇宙であり、
その宇宙が体現するものはジャパンプライドである」
まずは、そんな大胆で挑戦的なメッセージや、
ステートメントを開発してみましょう。
**そのメッセージを発信したとき、何かが決壊します。**

秘密結社マーケティング
## ②-❸
「名乗ったことで、ある領域の権威になる」実践ワーク

ロゴマークと名刺、
そして公式サイト、
3種の神器を揃える。

# 社会に本気感を伝えるためには、
# 3種の神器を揃えてみる。

コミュニティのロゴマークは、シンボルであり、旗です。
**社会に対して「このテーマで戦います」と
狼煙をあげることと同じで、その存在を顕在化する
手段です。**こだわって、作り込みましょう。
さらに、ロゴマークとステートメントが記載された
名刺を作成しましょう。**コミュニティの構成員が、
名刺を持ち、大胆に配り続けることで、
コミュニティに対する帰属意識が高まります。**
また、ステートメントが記載された
公式サイトの存在は、コミュニティの本気感を伝え、
当該領域の「オフィシャル団体」であるということを
顕在化する手段になります。
まずは、ロゴマーク、名刺、公式サイト、
3種の神器を揃えると、社会に本気感が伝わります。

# 秘密結社マーケティング

## ②-4

### 「名乗ったことで、ある領域の権威になる」実践ワーク

公式見解や、
公式な評価基準を
勝手に決めてみる。

## コミュニティの指針や評価軸を
## 堂々と発信し、実践者を増やせば話題に。

ロマンチストを育成する行動指針や評価基準など、
元々は存在しません。また、正しいハグの作法や、
正しい合コンマナーも、誰かが提唱したことは
あるかもしれませんが、公式基準などありません。
コロッケの味の評価基準も存在しません。
**名乗った時点で、公式団体ならば、**
**その見解は公式見解であり、評価基準も然りです。**
しかしこれらは、**「作成に価値があるのではなく」**、
**「実践者がいるという事実」にこそ価値があります。**
秘密結社的コミュニティの活動指針や評価として、
構成員の間で積極的にシェアしましょう。
すると、**この公式見解や公式の評価基準を、**
**メディアがコンテンツとして必ず取り上げます。**
そして公式団体としての振る舞いが話題を呼びます。

## 秘密結社マーケティングの手法
# その③

火種の存在と
純度の高い
熱源づくり。

「日本一やる」と決めた人と
「本気で追随する」と決めた、20人の
本気の大人の集まりで、ムーブメントは成功する。

# 運動の成功は中心の熱量。

そのテーマを人生を賭けて日本一やる、
と決めた「火種の存在」と、
その熱が伝播して、自らも本気で追随する、
と決めた本気の大人が20人以上集まると、
著者の経験上、ムーブメントが起きます。
さらに、本気の大人の規模が100人になると、
全国規模の社会現象になります。
それはなぜかと問われると、人が思う以上に、
どうやったら成功するかよりも、
どうやったら続けられるかの方が、
遥かに大切で、難しいのです。
継続的な実践者が多数いるという事実は、
社会現象としてメディアやSNSで扱われ、
新たな賛同を生み出す苗床になります。

秘密結社マーケティング

③-①

「火種の存在と純度の高い熱源づくり」実践ワーク

イチ個人として、
やると決めて、
自ら火種となる。

## 自らがやる、という地平に立ったとき、プランニングやアクションがガラリと変わる。

こんなことができたら、きっと流行るのではないか。

こんなことを仕掛けてみたい。

プランニング現場では、そんな会話が飛び交います。

そういう場合、たいてい会社や肩書の中で考え、

クライアントに提案したり、誰かに働きかけます。

果たして、それでムーブメントは起きるでしょうか。

結局、運動づくりとはやり続けることです。

**だとすると、ここで求められ、考えるべきは、**

**誰かにやってもらうことではなく、自分自身が**

**心底やりたいことは何か、自らが中心となって、**

**やり続けられることは何かということなのです。**

こんなことができたら、きっとおもしろい、

そう思うなら、自ら始めてみるとよいのです。

自ら立つ。この地平に立つことがスタート地点です。

## 秘密結社マーケティング
### ③-②
「火種の存在と純度の高い熱源づくり」実践ワーク

テーマや主旨に賛同し、
立ち上がった
イチ個人であること。

## 自ら立ち、行動し続けた人の発言は太く、その主体的な行動が人を巻き込んでいく。

もし仮に、チョコレートメーカーの広報担当が、
自社のチョコレートが美味しいと
SNSなどで、つぶやいたとしても、多くの人は、
それは単なる自社の宣伝であろうと考えます。
しかし実は、その人は、無類のチョコレート好きで、
日々、ありとあらゆるチョコレートを食べて品評し、
その模様を自身のブログやSNS等であげている
チョコマニアだったとします。
その彼が、「私はたまたまチョコレートメーカーの
広報を担当していますが、ひとりのチョコファンとして、
このチョコは本当に美味しいです」と発言した場合、
世間はそれでも自社宣伝だ、と考えるでしょうか。
**つまり、「自ら立った人」の発言は太い**のです。
自ら火種となった人はいつの間にか賛同を集めます。

chapter 02 ｜ 幸せなムーブメントをデザインする 秘密結社マーケティング

秘密結社マーケティング

③ - ③

「火種の存在と純度の高い熱源づくり」実践ワーク

# リスクを背負い、やり続けられるかを考えてみる。

# そのアイデンティティと、普段の行動とに、ギャップがないかを問われ続ける。

自分自身が主体的にプロジェクトを立ち上げた際、
最大のリスクは何だろうと考えてみます。
たとえば、日本ロマンチスト協会は、
"大切な人を世界で一番幸せにする"ということを
コミュニティの理念として掲げ、活動をしています。
その日本ロマンチスト協会の会長が、
最愛のパートナーや家族、仲間を幸せにする
努力を怠っていたら、社会から批判を浴び、
そのメッセージが力を失います。
つまり、**あるテーマや理念の体現者として自ら立ち、
自ら推進する者は、常に、そのアイデンティティと、
普段の行動とにギャップがないかを問われる**のです。
だからといって、修行僧のような覚悟で臨め、
という訳ではなく、続けられるかを問われています。

秘密結社マーケティング

③ - ④

「火種の存在と純度の高い熱源づくり」実践ワーク

## "日本一やる"と決めた火種の存在と、その20人のフォロワー。

## 火種となる人は、自らの本気を示し、20人の本気の賛同を集めたら勝利。

よく町おこしの企画現場では、どうやったら、
町おこしは成功するか、という議論になります。
実は、その答えはシンプルです。
そのテーマや理念について、"日本一やる"と
決めた人の存在と、"本気で追随する"と決めた
20人の大人がいたら、何をやっても成功します。
逆にいえば、それらの存在がなければ、
どんな秀逸なアイデアや企画も成功しません。
小さな町だと、20人の大人が同じことをやっていると
目立ち、地元メディアなどの注目をすぐに集めます。
そして皆、個人として参画した人たちですが、
それぞれの職能やネットワークを寄せ集めれば、
多くのことが解決します。**火種となる人は、
20人の本気の賛同を集めた時点で勝利です。**

## 秘密結社マーケティングの手法
# その④

# 独特の世界観を
# 共有し、
# 演じきる。

ディープな世界観と、儀式性の設計が、
会員同士の熱を生み出し、
運動が自走化していく。

# 世界観と儀式の設計は熱を生む。

日本コロッケ協会の構成員の肩書は、
コロッケ革命家。コロッケは好きかと問うと、
多くの人が好きだと答える一方、最近、
コロッケを食べたかと尋ねると、食べていないと
回答する人が多く、コロッケ回帰を求めて、
「いま愛と勇気とコロッケが足りない」と呼びかけ、
食卓におけるごちそうの政権交代を目指し、
コロッケの実食を「革命」と呼んでいます。
全国丼連盟の連盟員は、
自らをドン○○(名前)と名乗り、
「丼活」と称し、各々の実食をレポートします。
そのような**世界観とルールが、コミュニティへの**
**帰属意識を高めて、自然な形で、**
**次々と勝手連を生み出していきます。**

chapter 02 ｜ 幸せなムーブメントをデザインする 秘密結社マーケティング

## 秘密結社マーケティング
## ④-①
「独特の世界観を共有し、演じきる」実践ワーク

コミュニティへの参加は、
儀式性に
こだわってみる。

# コミュニティへの参加は、儀式性を伴うと、帰属意識が高まり、結束が強くなる。

構成員は、**普段の立場や肩書を超えて、そのテーマや理念に賛同した、イチ個人としての参加である**ことが非常に重要です。
そのためコミュニティへの参加は、既存構成員の紹介や推薦がないと、参加承認が得られないとか、「秘密の合言葉」を必要とするなど、ある種の儀式性を伴うと、構成員のコミュニティに対する帰属意識が高まり、結束が強くなります。
ただし、これは**「秘密結社感を醸成するため」の「遊び」であり、厳格さよりもユーモアが問われます。**
日本ロマンチスト協会では、協会員の名刺の裏に記載されている「秘密の合言葉」を知らないと、入会することができません。その他の協会では、検定合格を入会条件にしているところもあります。

秘密結社マーケティング
④ - ②
「独特の世界観を共有し、演じきる」実践ワーク

称号や肩書、
挨拶の仕方などを
徹底してみる。

## ユーモアに溢れたルールの徹底は、構成員のモチベーションを高めていく。

構成員同士の挨拶や掛け声、お互いの呼び方、
称号や肩書を徹底してみましょう。
日本ロマンチスト協会では、協会員の肩書は、
「宣教師」「研究員」「見習い」の3つに分かれ、
WEB上の「ロマンチスト診断」の結果に基づき、
自ら肩書を選ぶことができます。
全国丼連盟では、連盟員は「ドン○○」と名乗り、
お互いを「ドン○○」と呼び合います。
また丼の実食を「丼活」、連盟員同士の友愛を
「丼杯」というアクションで表現します。
そのようなルールを徹底することで、見知らぬ
構成員同士の距離はぐっと近くなり、**普段の立場や肩書を超えた関係性が芽生え、つながっていきます。**
その結果、構成員のモチベーションが高まります。

行動指針を決める
共通アクションを
開発してみる。

# 共通の行動指針を共有すると、構成員としての自覚が芽生えてくる。

日本ロマンチスト協会では、
ロマンチストを育成するための行動指針として、
以下、6つのアクションを定め、呼びかけています。

1. 恥ずかしがらずチュッとしよう。
2. 記念日じゃなくても贈り物をしよう。
3. ぎゅっと抱きしめよう。
4. 手をつなげば気持ちもつながります。
5. 褒め上手になろう。
6. メールじゃなくて、手紙で「想い」を伝えよう。

それぞれのコミュニティで、構成員の行動指針を
共有しましょう。**すると不思議なことに、それぞれが
構成員の自覚を持ち始め、頼んでもいないのに、
アクションの報告が集まってきます。**そうやって、
コミュニティとしての活動の骨格ができあがってきます。

秘密結社マーケティング

④ - ④

「独特の世界観を共有し、演じきる」実践ワーク

大胆に、
名刺を配りきる、
という使命を持つ。

# ムーブメントデザインで問われるのは、主体的な行動と姿勢。

名刺はその人が何者であるかを指し示すと共に、
その人の社会的立脚点であり、アイデンティティです。
秘密結社的コミュニティの運営において、
構成員がコミュニティの名刺を配る、という行為は
非常に大切な所作です。
なぜなら、**自分自身が構成員の一員であることを
強固に自覚するイニシエーション**だからです。
敢えて、普段の立場や肩書を示す名刺の上に、
コミュニティの名刺を乗せて配ることを、
構成員の活動ルールにしてみましょう。
**このユーモアを理解する人と、しない人が
はっきり分かれますが、それでも配り続けましょう。
すると、ある日、思わぬ偶然に遭遇したり、
思わぬところから、称賛や賛同が集まるはずです。**

chapter 02 ｜ 幸せなムーブメントをデザインする 秘密結社マーケティング

## 秘密結社マーケティングの手法
## その⑤

エネルギーは
ソトに向けず、
ウチに向ける。

インナーモチベーションを高めると、
主体的な意思をもった推進者の活動が
活性化し賛同が連鎖・増殖していく。

# 中心に力が集まれば、遠くに飛ぶ。

私たちは何かを始めようとするとき、

それはうまくいくのか、どうしたら成功するのかと、

ついつい仕掛けることに、気持ちが向かいます。

**しかし実際は、仕掛けようとすればするほど、**

**期待と現実のギャップに苦しむことになります。**

すると、そういったプロモーションは長く続かず、

一過性で終わってしまいます。

ソーシャルプロジェクトで最も重要なことは、

やり続けることができるのか、ということなのです。

だとすれば、やり続けるためのモチベーションは

一体何かを、考え続けることです。

**大きな夢を描きながら、自分たちの熱量が、**

**分散しないように、「小さな事実」を**

**積み重ねていく、ということが重要です。**

# 秘密結社マーケティング
## ⑤ - ①
### 「エネルギーはソトに向けず、ウチに向ける」実践ワーク

仕掛けることよりも、
続けられることを
考えてみる。

## いい意味での片手間が大事であり、小さくても楽しく続けられることが大事。

まちづくりのワークショップや講演などに呼ばれると、
「どうやったらうまくいきますか」と、尋ねられます。
当たり前なことですが、彼らは、
「どうやったら、まちの資産を最大化できるか」、
「どうやったら、まちが全国から注目を集めるか」、
ということを知りたくて著者の話を聞きに来ています。
しかし多くの場合、そういうモチベーションで臨むと
失敗する、と伝えると、皆ビックリします。
皆それぞれに本業があり、まちづくりはあくまでも、
片手間です。しかも、自分の貴重な時間を割いて
やるとなれば、楽しくなければ続きません。
どうやったら成功するかを議論するのではなく、
自分たちの余暇を割いてでもやってみたい、楽しく
続けられることは何かを真剣に考えるべきなのです。

秘密結社マーケティング

⑤-②

「エネルギーはソトに向けず、ウチに向ける」実践ワーク

小さくやり続けると
大きな称賛と
賛同が訪れる。

# 遠心力と同じで、中心に力を集めれば集めるほど、モノは遠くに飛んでいく。

**ソトに向けて大きく仕掛けようとすると、カロリーも大きくなって続かず、一過性で終わりがちです。**
それよりも、毎日、もしくは週、月に1回できることは
何かを考えてみましょう。まちづくりも同じことですが、
ゴミ拾いでも、モノづくりでも、食べ物づくりでも、
たとえどんなネタであれ、**仮に20人規模の人たちが
同じアクションを続けていれば、注目を集めます。**
どうせやるなら、大胆で挑戦的な方が楽しく、
話題になりやすいのですが、**実は、やり続けている
人たちがいる、という事実こそニュースになる**のです。
そうやって、アクションを楽しく顕在化し続ければ、
問い合わせの量やメディア露出が増え、
メディアに載ることで、次々と情報が集まり、
いつしか発信と集約と拡散が同時に実現します。

chapter 02 ｜ 幸せなムーブメントをデザインする 秘密結社マーケティング

秘密結社マーケティング
⑤-❸
「エネルギーはソトに向けず、ウチに向ける」実践ワーク

タテの関係を、
ヨコの関係に
変えてみる。

# 普段の肩書では出会うことがない人と、ヨコの関係でつながることができる。

日常生活において、多くの場合、発注者と受注者、
上司と部下など、タテの関係性が発生します。
秘密結社的コミュニティの特徴は、**普段の肩書とは
一切関係のない、コミュニティの主旨に賛同して、
参加しているイチ個人の集まりである**ということです。
つまり、そこにはタテの関係性は存在しません。
コミュニティの世界観の中ではみんなヨコの関係です。
ひょっとしたら、構成員の中には大企業の社長や
役員の方、マスコミ関係者などがいるかもしれません。
ですが、ここでは「共感」を共有する仲間なのです。
つまり、このような**秘密結社的コミュニティの形成を
行うと、普段の肩書では絶対に出会うことがない
人たちと出会うことができる**ばかりか、
ひとりの友人としてヨコの関係でつながっていきます。

秘密結社マーケティング

⑤ - ④

「エネルギーはソトに向けず、ウチに向ける」実践ワーク

暗躍感を醸成し、
ミッションを
達成する。

# 構成員として暗躍している、という
# 秘密結社の醍醐味を遊びにしてみる。

秘密結社的コミュニティに所属していることは、
構成員にとって、アイデンティティの体現です。
普段の肩書や立場は、**「世を忍ぶ仮の姿」**であり、
**コミュニティでの肩書こそ本業である**、ということを
構成員の遊びとして徹底してみましょう。
構成員にはそれぞれ、普段の肩書や立場、
職能やネットワークがあります。
たとえば、コミュニティとして推進すべきミッションが
発生したとき、皆それぞれに貢献できることは
何だろうかと考えます。そのようなとき、構成員は
自分自身の普段の肩書を使役して暗躍し始めます。
**タテの関係ではなく、ヨコの連帯感で動き出し、**
**それぞれの職能やネットワークを寄せ集めたとき、**
**驚くような現象が起こります。**

chapter 02 ｜ 幸せなムーブメントをデザインする 秘密結社マーケティング

秘密結社マーケティング

「エネルギーはソトに向けず、ウチに向ける」実践ワーク

イチ構成員だと
自覚する行動や
ミッションづくり。

# こんなことができたら事件じゃないかと自発的に立ち上がり、暗躍する人たち。

日本ロマンチスト協会では、
6月19日を「ロマンスの日」として制定し、
大切な人に"最愛の証"として、青いものを贈る
「PRESENT BLUE」というアクションを推奨しています。
協会員にはまず、それぞれ、大切な人に青いものを
贈るという実践を呼びかけています。すると、各々、
今年はこんなアクションをしましたと報告が来ます。
さらに、**そのミッションを受けた協会員の中には、
この運動を社会的に広げていくために、
どうしたらよいかと自発的に考える人が現れました。**
すると、ある年の6月19日は、協会員の暗躍により、
東京タワー、横浜マリンタワー、神戸ポートタワーが、
同時に青くライトアップされ、あるデパートの
全店でフェアが開催されました。まさに暗躍です。

## 秘密結社マーケティングの手法
## その⑥

次々と
ニュースを
生み出す技術。

存在自体が、
ニュースのネタとして取り上げたくなるよう、
その動向に注目を集める。

# 大胆なことを堂々とやる!

どんなプロジェクトでも、情報発信は大切です。
しかしメディアは日々、さまざまな情報を
受け取り、その中で取捨選択しながら、
取材対象を決めて、活動をしています。
そのような中で、圧倒的な差別化を図るには、
その存在や、その動向自体に、
メディアが関心を示し、次は何をやるんですかと、
逆に問い合わせが来るような、
マスコミ関係者のファンを増やしていきましょう。
そのためには、尖った社会的なメッセージで
事件性の高い、大胆に大マジメに、
やり続けている人たちがいるということで、
**その存在自体が、メディアのコンテンツとなり、
露出が増幅**します。

秘密結社マーケティング

「次々とニュースを生み出す技術」実践ワーク

偶然を
マネージメントし、
小さな事実を生む。

# 活動の熱量を高めると、その結果として、「小さな事実」は、必ず生み出される。

**「小さな事実」とは広告プロモーションによる成果とはやや異なります。**具体的な例をあげてみましょう。
日本ロマンチスト協会は、長崎県雲仙市愛野町をロマンチストの聖地と定め、そのまちづくりを応援し、さまざまなプロジェクトを勝手に取り組んできました。その結果、あるとき、雲仙市の愛野支所に、「ロマンス係」という窓口ができ、**「ロマンスの日」に、入籍届けを出す人や、島原鉄道の愛野駅を本籍地として登録するカップルまで現れました。**
それはある意味、事件です。仕掛けようとしても決してできるものではありません。秘密結社の活動の熱量を高めると、必ず人の心を動かします。そこから生まれた「小さな事実」は、ニュース価値が高く、それ自体を広報すると大きな話題になります。

chapter 02 ｜ 幸せなムーブメントをデザインする 秘密結社マーケティング

秘密結社マーケティング

「次々とニュースを生み出す技術」実践ワーク

矢文一本で
城を落とす、
キラーダジャレ。

# その"事実"が一躍、全国区になる
# キラーダジャレが浮かんだら勝負に出ろ！

かつて著者は大学生たちと一緒に、
"スイカから世界を平和に！"といったプロジェクトを
"勝手に立ち上げ"たところ、日本農業新聞から
取材を受け、大きく記事になりました。その後、
記事を見た生産団体から問い合わせを受けた際、
スカイツリー開業の年に、"スイカツリーの登場"は、
大事件になると話したところ、賛同いただき、
スイカを提供いただきました。さっそく大玉100個で
構成されるスイカツリーを設置し、熱中症対策を
呼びかけたところ、一躍全国ニュースになりました。
福井県の小浜市がオバマ大統領を勝手に応援し、
"本当に手紙を送り、返事が来たという事実"が、
小浜市を一躍全国的に有名にしました。
加賀温泉のレディー・カガも同様です。

chapter 02 ｜ 幸せなムーブメントをデザインする 秘密結社マーケティング

秘密結社マーケティング

「次々とニュースを生み出す技術」実践ワーク

権威団体として
公式情報をつくって、
トレンドを創り出す。

## ある領域の公式情報を、あらゆる角度でネタにして、公式情報として発表する。

ある領域の公式団体であると認識されると、
そのテーマにまつわるニュースや情報を
記事や番組にするとき、コメントを求められます。
たとえば、コロッケというテーマであれば、
ランキング情報や、トレンド情報について
メディアから問い合わせを受けるようになります。
公式団体として活動の実態が伴えば伴うほど、
メディアからの問い合わせ量が増すのです。
そのため、定期的に、アンケート調査などで、
「〇〇ランキング」「〇〇が多い県」
「〇〇女子・〇〇男子」「〇〇が似合うタレント」
といった**当該領域に関連した情報を開発し、
「公式情報」としてマスコミに向けて発信**すると、
さらにメディアからコンテンツとして認識されます。

秘密結社マーケティング

「次々とニュースを生み出す技術」実践ワーク

マスコミ関係者を
構成員に、
してしまう。

## "小さな事実"が呼び込まれるプロセスに立ち会えば、メディアは取材をしたくなる。

ニュースを生み出す有効な手段のひとつとして、
**メディア関係者も構成員になってもらいましょう。**
たとえば、私たちはプロジェクトを推進する際、
メディアの方に出会うと、ついつい取材をしてくださいと
お願いをしがちです。それではタテの関係です。
それならば思い切って、一緒にやりませんか、と
仲間にしてしまいましょう。もちろん私的な理由では
ニュースにしてくれませんが、活動の熱量が高ければ
高いほど、次々と"小さな事実"が呼び込まれます。
**それはメディアの人間からすれば、スクープの現場に**
**立ち会っているのと同じで、**メディアマンの
モチベーションを刺激するはずです。すると活動の
プロセスを、メディアコンテンツとして丁寧に
追いかけ始めてくれます。まさに、Win-Winです。

## 秘密結社マーケティングの手法
# その⑦

## つなげる技術、つながる技術で遊ぶ。

主体的な賛同や共感を使役し合うと、
創造的な連帯を生み、
さらなる賛同と称賛を呼ぶ。

## つながる、つなげるは技術だ！

人と人はどこかでつながっています。
人は理屈や文脈よりも、お互いの「共感」が
一致したとき、途端に、その距離が近くなります。
「〇〇が好き」「出身地が同じ」など、
その「共感」は、私的な理由であればあるほど、
その距離は一気に縮まります。そのつながりが、
時に、普段の人脈を超えた、思わぬ出会いと
なります。秘密結社コミュニティのような、
**「〇〇が好き」でつながった人たちを、**
**相互につないでいくと、想像を超えた思わぬ**
**ソーシャルインパクトが生まれることがあります。**
そういった俗人的な人脈、知脈、志脈を通じ、
生まれた小さな事実は、さらなる賛同や称賛を
呼び、次々と人が集まるきっかけになります。

秘密結社マーケティング

⑦-①

「つなげる技術、つながる技術で遊ぶ」実践ワーク

プリーズは

フリーズに。

勝手力を発揮せよ。

# 先方の「共感」がデザインできるまで、まずは勝手にやってみる。

**誰かとの関係を築くとき、お願いから始めてしまうと、タテの関係となり、熱の伝播が難しくなります。**
外部の人や企業や団体と積極的につながりたいと
望むのであれば、まずは**「勝手にやってみる」**ことです。
なぜなら多くの人たちが、様々なしがらみに縛られて
勝手に動けないのです。つまり、**勝手に始めた人は、
その時点で社会的に優位**です。勝手に始めて、
「楽しく」プロセスを共有し続けると、**不思議なことに
先方から組みたいと寄ってきます。**そうすると、
譲れない大切なことをあらかじめ尊重し合えて、
仮にスポンサーであっても、対等なパートナーとして、
ヨコの関係を築くことができます。また面白いことに、
先方の中でも科学反応が起こり、勝手力が芽生え
決定の仕方、進め方がより創造的に変化します。

chapter 02 | 幸せなムーブメントをデザインする 秘密結社マーケティング

秘密結社マーケティング

「つなげる技術、つながる技術で遊ぶ」実践ワーク

利己的なモチベーションで、
利他的なアクションを
大胆にやってみる。

# 自分のためではなく、誰かのためにやると、いつの間にか称賛と賛同が集まってくる。

利己的なモチベーションで、利己的な行動をしたら、
ただのわがままです。たとえば日本ロマンチスト協会は、
長崎県雲仙市愛野町をロマンチストの聖地として、
**勝手に認定して、勝手にまちづくりを応援しました。**
元々、雲仙市とは、縁もゆかりもなく、
「愛野町」という地名のつながりだけで、なぜ、
こんなに熱心に活動してくれるのかと地元の人たちは、
不思議に思ったかもしれません。しかし、あくまでも、
ロマンチストたちがまちをおもしろくする、という
私たちの社会あそびの場として、
雲仙市を活用させていただいておりました。
それが結果、雲仙市の活性化にも大いにつながり、
いつの間にか、まちの人たちとも仲良くなり、
全国から多くの賛同や称賛が集まりました。

# 秘密結社マーケティング ⑦-❸
## 「つなげる技術、つながる技術で遊ぶ」実践ワーク

想像を超えた
境界越えで、
大胆につながる。

## 自分の範疇を超えたつながりをイメージし、そのインパクトが、ワクワクするなら動く。

かつて福井県小浜市は、アメリカ大統領選挙で候補者の
オバマ氏に応援の手紙を送り、「その事実」が、
小浜市を一躍、全国区にしました。この手の話は、
一見、大それたことのように思えて、怯みがちです。
これが大きなイベントを開催するような話であれば、
カロリーが大きく、一朝一夕には、いきません。
ただしこの場合、手紙を送るくらいは、誰にでもでき、
実際にやったか否かが問題です。自ら立ち、
**自ら推進するという覚悟の地平に立った人たちは、**
**その境界をあっさり乗り越えていきます。**
たとえ、ダジャレや歴史、地縁であろうが、
つながれるストーリーを見つけたら、大胆に堂々と
人や企業、地域や国とつながりましょう。
"つながったという事実"がニュースになります。

秘密結社マーケティング
⑦-④
「つなげる技術、つながる技術で遊ぶ」実践ワーク

決まってから
発表するのではなく、
プロセスを開示する。

## 予定調和で計画的であることも大事だが、まずは動き出すと、賛同や称賛が集まる。

長崎県の島原鉄道に「愛野駅」という駅があります。
日本ロマンチスト協会から名誉本部に認定され、
注目を集める駅ですが、以前は、老朽化した
ボロボロの駅でした。そこで雲仙市の有志の間で、
新生「愛野駅」をイメージできるデザインコンテストを
やろうと盛り上がり、地元専門学校とタイアップして、
たくさんの作品が集まり、新聞記事になりました。
駅舎を新生する予算の見込みのないまま、
市民の想いから動き出した企画だったのですが、
雲仙市長以下、行政も応援し、その予算を市が
捻出しました。すると多くの人が市の動きを称賛し、
塗り替え式や完成式は大盛況で、
メルヘンな駅に甦りました。構想や夢に向かう
プロセスが開かれていると賛同や称賛が集まります。

chapter 02 ｜ 幸せなムーブメントをデザインする 秘密結社マーケティング

秘密結社マーケティング
⑦-5
「つなげる技術、つながる技術で遊ぶ」実践ワーク

「目標」ではなく、
「事実」である、
という設定から入る。

# すでに応援している人たちがいる、という「事実」から入ると、つながりやすい。

日本ロマンチスト協会は、2006年に、
長崎県雲仙市愛野町を「ロマンチスト」の聖地と
勝手に認定しました。協会の活動を推進する上で、
協会員が敬意を共有できる「場」の設定が、
協会活動をさらに豊かにすると考えたからです。
たとえば、こういうとき、これから○○の聖地を
目指しましょう、と働きかけても、地元の人にとって
迷惑な話だと思われます。しかし「聖地」であり、
既に「聖地」としてリスペクトしている人たちがいる
という事実から入ると、先方の対応も変わります。
そこで「聖地」としてのまちづくりを勝手に推進した
結果、まちの人たちも創造的に動き出し、
「聖地」の活動を一緒に取り組むようになりました。
「事実」という設定から。ちょっとしたテクニックです。

## 秘密結社マーケティングの手法
# その⑧

> 権威から、
> 称賛を
> 生み出す。

**権威はふりかざすものではなく、
共感と称賛をもって遊ぶと、人や企業や団体が、
次々と友好的につながっていく。**

# 権威を利用して、社会的称賛を。

**「記念日」の制定や「聖地」の認定は、**
**公式団体としての特徴的な活動です。**
ただし、制定したり、認定したという事実は、
価値の一歩目に過ぎません。
真の価値は、その取組に
具体的な賛同者がいることです。
その事実により、社会的な権威性を持ち始めていきます。
たとえば、公式団体が使える手法に、
「グランプリ」や「アワード」があります。
これらは**当該領域の価値基準を定め、**
**全国に点在する関連したモノ・コト・ヒトを**
**表彰する**ことで、その価値を社会的に顕在し、
称賛する権威プレイです。権威でしなやかに
遊び出すと、その活動が豊かになります。

秘密結社マーケティング

⑧-①

「権威から、称賛を生み出す」実践ワーク

記念日を、
勝手に、
制定してみる。

# 記念日に共通アクションを起こしている人たちがいる、という事実がニュースになる。

—「ロマンスの日」(日本ロマンチスト協会)
—「丼の日」(全国丼連盟)

秘密結社的コミュニティの特権的なプレイに、
「記念日」の制定があります。実は「記念日」の
制定に許可は必要なく、「名乗ったら事実」です。
秘密結社的コミュニティが、「記念日」を制定した
という事実は、とても価値のあることです。
そして、その「記念日」を、「ハレの日」として認識し、
何らかの共通アクションを起こしている人たちがいる、と
いう事実にこそ、社会的には価値があります。
ですので、制定した「記念日」の盛り上げは、
コミュニティ内の結束を高め、暗躍感を醸成する
よい機会です。ちなみに記念日を登録する、
日本記念日協会も、"勝手協会"のひとつです。

chapter 02 | 幸せなムーブメントをデザインする 秘密結社マーケティング

秘密結社マーケティング
⑧-②
「権威から、称賛を生み出す」実践ワーク

○○の聖地を、

つくったり、

認定してみる。

## 聖地である、という事実設定から入り、構成員が暗躍すると、本当に聖地になる。

あるテーマ領域の象徴的な存在として、
どこかの地域やスポットなどを「〇〇の聖地」として
認定してみましょう。こちらも「記念日」と同様、
「聖地」として認定されたという事実よりも、
「聖地」として認識し、敬意をもっている人たちがいる
という事実が、価値を持つようになります。
「聖地」づくりにあたって、すでに社会的に認知され
事実化されている地域やスポットを選ぶよりも、
今までそういう視点で、誰も注目していなかった
地域やスポットを選んだ方が、選出された方も
既存のしがらみがなく、協力的で楽しくなります。
「聖地」です、と構想や夢を語り、コミュニティ内外の
賛同や称賛を集め、「聖地」が形づくられていくのは、
事件性も高く、暗躍感が醸成され、楽しいのです。

秘密結社マーケティング
⑧-❸
「権威から、称賛を生み出す」実践ワーク

グランプリや
アワードをやって、
称賛をしてみる。

# 自分たちの手でトレンドをつくり、
## トレンドを牽引していくという覚悟でやる。

公式団体として、「グランプリ」や「アワード」をやると、
コミュニティの認知を高め、トレンドづくりになります。
日本唐揚協会や日本コロッケ協会では、毎年、
唐揚やコロッケの優良店舗を表彰するグランプリを
開催しています。その他の秘密結社コミュニティでも
様々な「グランプリ」や「アワード」を実施しています。
それらは独自の審査基準に基づき、決められます。
公式団体として認知を得ると
「グランプリ」や「アワード」は話題になり、
受賞者は、ある領域の社会的栄誉を手にします。
コミュニティ内でも、構成員の募集・投票により、
最高栄誉が決まるという"暗躍感"が醸成されます。
その結果、コミュニティの認知度を高め、様々な
プレイヤーと友好的につながる、よい機会になります。

chapter 03

秘密結社を語る
セルフ
ヒストリー

# 秘密結社マーケティング

著者の職業は、ソーシャルプランナーであり、これまで、数多くのソーシャルプロジェクトの設計と運営に携わってきました。冒頭で、昨今、官公庁だけでなく企業でも、ソーシャルプロジェクトの開発と実践が求められる中、大切なことは、**それに向き合う人たちの基本姿勢をデザインする必要があるとお伝えしました。**それを踏まえた上で、著者は、ソーシャルプロジェクトにおける、ひとつの有効的な手法として、「秘密結社マーケティング」を提唱しています。なぜ、マーケティングなのかといえば、マーケティングの本質は、「価値を見つけ出し、それを適切な人に伝え、行動を促すこと」にあります。そう考えると、「秘密結社マーケティング」とは、社会の問題を解決するために、あるテーマに深くコミットした人たちによって生み出される価値あるアイデアや行動を魅力的に広め、その対象となる人々に行動を促す取組であると定義できます。そして、その手法は、あらゆる社会活動に応用できる気がします。著者は、日本ロマンチスト協会という団体を立ち上げ、その活動を実践してきたことで、多くの気づきと学びを得ることができました。その著者の経験を紐解き、話材提供をしてみたいと思います。

chapter 03 | 秘密結社を語るセルフヒストリー

# 秘密結社セルフヒストリー

## 日本ロマンチスト協会

「大切な人を世界で一番幸せにできる人」をロマンチストと定義し、そんなロマンチストが増えると、社会はもっと豊かで幸せになる、という活動理念を掲げ、活動している。長崎県雲仙市愛野町を、ロマンチストの聖地と定めたまちづくりや、「ロマンスの日」の盛り上げなど、たくさんの"幸せな事件"を手がけている。

### ①この活動をはじめた原体験は？

26歳のとき、カナダに渡りました。当時、就職をすることがどうしても怖くて、いろいろな理由をつけた末、辿り着いた場所でした。カナダでは、日本で絶対に体験できないことをやろうと思い、フルーツ農場やニジマスの養殖場で働きました。それらは思ったよりもハードでしたが、そういう環境でも働ける自分に少しずつ自信がついてきます。そんな折、滞在していたバンクーバーで、オーロラが観測された日がありました。バンクーバーでオーロラが観測されるなど、稀有な出来事だったらしいのですが、あいにく、その好機を逃してしまいます。そのときふと、自分にとって、カナダでやるべき最後の使命はオーロラを見ることではないかと思い始めました。金銭的な余裕もない中、長期滞在をしてオーロラを見るにはどうしたらよいのか。そう考えたとき、自分でも思いもよらぬ行動に出ます。つたない英語で、北極圏にあるツアー会社に、雇用してもらえ

ないかと電話をかけたり、北極圏にツテのある人はいないかなど、とにかく自分が想像し得る限りのことをしてみました。すると、思いもよらないところから助力してくれる人が現れ、その結果、美しいオーロラを何度も見ることができました。当初は、2週間先、自分が何をしているのかさえわからない状況でしたが、人は諦めず、求め続けると、いつの間にか、自分が想い描いた現実を生きているという感覚が、少し理解できました。だとすれば、「自分がどう想い描くのか」ということが、一番大事なことではないかと思い始めます。このオーロラの一件以来、自分はとことんロマンチストであろうと思うようになりました。本気で望み、想い描き、求め続けたロマンチストは、究極のリアリストかもしれないとも思いました。その内側から湧き上がる気持ちに気がついたとき、就職が怖いとは感じなくなり、帰国しました。

## ②まず何から始めたか？

世間一般で、ロマンチストといえば、リアリストの対義語として、夢想家、つまり夢見がちで空想癖、妄想癖がある人というネガティブなイメージがあります。まず、そのロマンチスト像を変えていこうと思いました。そこでロマンチストとは、「大切な人を世界で一番幸せにできる人」であり、「幸せな人生を自らの手で創造できる人」であると定義します。そして、日本ロマンチスト協会という一見、バカバカしくも、大胆で大マジメな団体が存在しているということを知らしめるため、イラストレーターの友人に頼み、ロゴマークと名刺を制作しました。そこからまずは、出会う人、出会う人に名刺を配り始めま

した。つまり、自分の旗を立てて、小さく動き始めようと決めたのです。

### ③最初の賛同者は誰か？

「雲仙市に愛野町という場所があります。ぜひ聖地として立候補させてください」。出張で訪れた長崎で、テレビ長崎の増田朋和氏からいただいた言葉です。日本ロマンチスト協会の構想を熱く語り、「ロマンチストの聖地を探している」という著者の発言を受けてのことでした。その翌日、増田氏と一緒に「愛野町」を訪れたところ、まちのシンボルともいうべき「愛野駅」は老朽化し、駅舎に書かれた「ロマンの街」という文字に寂しさが滲み出ていました。それをみて、もしこのまちが、ロマンチスト協会のサポートで、華麗に甦ったらワクワクすると思い、「聖地」と定めました。その後の増田氏の動きは素晴らしく、日本ロマンチスト協会という運動を、長崎で盛り上げていこうと社内に働きかけてくださいました。その結果、テレビ長崎は、社長をはじめとする全社員が、日本ロマンチスト協会の会員となり、それぞれが主旨に賛同したイチ個人として、「聖地復興」をはじめ、さまざまなシーンで尽力いただいています。地元の放送局が会社を挙げて応援してくださる、という奇跡に近い出会いが、日本ロマンチスト協会に賛同者を増やしました。また、長崎に夢や情熱を共有できるたくさんの仲間ができたのも、増田氏の勇気あるひと言がきっかけでした。

## ④最初の小さな事実づくりとは何か？

「聖地」として認定した「雲仙市」は、ジャガイモの生産高が全国第2位で、特に「愛野町」が主な生産地です。そこで、雲仙愛野町産のジャガイモのブランディングに、日本ロマンチスト協会が寄与できることはないかと考えました。当時、日本愛妻家協会の山名清隆氏が、群馬県嬬恋村を愛妻家の聖地として定め、特産品であるキャベツ畑とタイアップした、「キャベツ畑の中心で愛を叫ぶ」(キャベチュー)というイベントが大反響を得ていました。そこで、6月19日を「ロマンスの日」と制定すると共に、山名氏に協力を依頼し、「ジャガイモ畑の中心でロマンスを叫ぶ」(ジャガチュー)の実施を決めました。「生産者の顔の見えるジャガイモ」ならぬ、「叫んだ人の顔の見えるジャガイモ」、「愛のロマンスポテト作戦」です。すると、地元雲仙市からの積極的な協力もあり、多くのカップルが参加してくれました。また、友人カップルも東京からわざわざ参加してくれた上に、雲仙市愛野支所に、本籍地を「愛野駅」として婚姻届を出したのです。その模様をテレビ長崎は、自社番組のなかで、畑から1時間生中継し、そのおかげで長崎県中のメディアに報道されました。「自分の中に湧き上がったワクワクした想い」で始めたことが、多くの賛同者を得て、さらに一組のカップルの人生のモニュメントとして選択された、という事実に、喜びを覚えました。その一方で、社会に対して、またそういったカップルに対して、重い責任を背負った、という自覚も芽生えた出来事でもありました。

## ⑤この活動を通じた、最大の事件

事件はふたつあります。ひとつめは、「愛野駅」の塗り替えです。ボロボロで老朽化した「愛野駅」を、「ロマンチストの聖地」としてふさわしい姿に甦らせようと市民有志が立ち上がり、地元の専門学校と連携し、駅舎リニューアルのデザインコンテストを行いました。すると、約50の作品が集まり、地元メディアにも報道されます。これはあくまでも市民有志の動きであり、島原鉄道や雲仙市が予定していたことではありません。しかし、この動きを粋に感じて、島原鉄道と雲仙市が立ち上がります。島原鉄道はリニューアルを承認し、雲仙市の資金提供が決まります。「愛野駅」の塗り替えを始める日、たくさんの市民ボランティアが集まりました。その結果、愛野駅はメルヘンな駅に甦り、名前も「愛の駅」になりました。日本ロマンチスト協会の熱が伝播し、市民に飛び火したことを実感した出来事でした。もうひとつは、雲仙市商工会が、「まちを挙げた結婚式」を実施したことです。全国から結婚式を挙げたいカップルを募集し、文字通り、まちを挙げて歓待するという企画でした。著者は当初、結婚式という人生の大切な儀式を、まちおこしを目的にやってはいけない、と反対しましたが、カップルが人生で最高の瞬間だったと記憶してもらえる結婚式をやり切ると、実行委員の皆が覚悟を決めました。すると当日は多くの市民が集い、線路沿いにはたくさんの人が旗を振り、行く先々で歓待をして、本当に「まちを挙げた結婚式」が行われました。本当に、本当に感動的な結婚式でした。

## ⑥熱がさらに伝播したと感じた瞬間は？

日本ロマンチスト協会では6月19日の「ロマンスの日」に、「最愛の証」に何かひとつ青いものを贈る「PRESENT BLUE」というアクションを推奨しています。このアクションを始めたとき、大きく仕掛けるのではなく、まずは身近で大切な人に青いものを贈るところからスタートしようと協会員に呼びかけました。すると、協会員の尽力もあり、少しずつ、認知が広がり始めたのです。このアクションをはじめて、3年目のことだったと思います。ある日、東京タワーの方から、「今年のロマンスの日、東京タワーを青いイルミネーションでライトアップしますので、何か一緒にやりましょう」と連絡がありました。東京タワーにも、ロマンチスト協会員がいたのです。それからしばらく、東京タワーは「ロマンスの日」に青く輝くことになったのですが、その動きに呼応するように、横浜のマリンタワー、神戸のポートタワー、ハウステンボスのドムトールン、そして愛野駅など、全国のタワーや施設から「6月19日は青くする」という連絡が入りました。また、マルイ、神戸の三宮商店街、地方のデパートなどから、「PRESENT BLUE」キャンペーンを実施すると連絡がありました。全国各地に散らばるロマンチスト協会員が一斉に暗躍した瞬間です。何よりもうれしかったのは、たった数人で始めたこの活動から、いつの間にか、地域や職業や肩書も全く違うのに、人生の喜びを分かち合える、同志とも呼べるたくさんの仲間ができたことですね。

### ⑦思わぬ賛同者や支援者は？

かつてふと、スプーンで「あーん」をするこの行為に、もっとも適したスプーンがあるのではないか、と発言したことがありました。著者本人はいたって大マジメでした。カップルにとって豊かな愛情表現であり、親と子にとっても、食事を与える以上の意味をもつ「あーん」。その価値を象徴するようなスプーンがあるはずだということを、メディアに出演させていただく度に発言していました。するとあるとき、宝飾メーカーの方が、サンプル品として、原価で1本30万円もする珠玉の逸品を作ってくださったのです。そのスプーンをサンプルに、廉価版を発売したいと提案いただきました。「結婚式のファーストバイト」や「お食い初め」の際に贈るギフトとしてふさわしい素晴らしい出来だったことが、昨日のことのように思い出されます。活動を続けていると、さまざまな賛同者が現れることを実感した象徴的な出来事でした。

### ⑧最近のヒットコンテンツは？

公益財団法人 日本財団と共に、日本の灯台を価値化していくため、「恋する灯台」というプロジェクトを推進しました。もともと灯台は、船の航海を安全に導く航路標識として、長い年月、人知れず多くの船の安全や人命を守ってきました。しかし船にGPSが搭載されるようになり、改めて灯台の価値を見直していく必要がある時代となりました。そこで、恋やロマンスといったテーマに対する権威団体である日本ロマンチスト協会に白羽の矢が立ったのです。灯台を「恋愛文化価値」の高い場所として、再価値化しようとする取組が始まりました。灯台

が建っている場所は、岬の先端であり、そこから広がる空と海の青と、白亜の灯台のコントラストが絶景スポットとして素晴らしく、さらに、「いまこの世界にキミとボクしかいない」という壮大な最果て感、ファンタジー感を味わえる灯台を「恋する灯台」として認定しようという試みです。ちなみに「世界遺産」は、「ユネスコという権威のありそうな団体」が、この場所には価値があると認定するため、世界中の人がそれを称賛して訪れる訳で、その本質は「地点情報の権威化」です。だとしたら、愛や恋、ロマンスに権威のありそうな日本ロマンチスト協会という団体が、この灯台は恋愛価値が高い灯台であると認定することは、地点情報の権威化であり、ユネスコと同じことができると思っての取組でした。この取組で、全国51灯台を「恋する灯台」と認定し、さらに「恋する灯台」を有する49市町村を「恋する灯台のまち」として認定。その灯台がある市町村長を表敬訪問しました。最初の表敬訪問から、地元の全メディアが取材に来るという熱狂ぶりで、全国各地で「恋する灯台」は好意的に受け止められ、たくさんの報道がされたのです。それにより、自治体が自ら、「恋する灯台」のモニュメントを建設したり、灯台に至る道を整備したり、恋活・婚活イベントを実施したり、さまざまな自発的な取組が3000件以上も生まれました。それにより、海上保安庁長官賞という名誉ある表彰をいただくに至りました。最初は、賑やかしで始めた「恋する灯台」でしたが、今では、灯台がいかに歴史的かつ文化的な価値が高い建造物であるか、その価値に魅了されています。

## ⑨自分にとって「ロマンチスト」とは？

ロマンチストであることは、自分自身のアイデンティティそのものです。そして、ロマンチストで在り続けるということは、挫けそうなことがあったとき、ツライことがあったとき、絶望の淵に立ったとき、自分の人生を悲観せず、諦観せず、夢見る自分を信じられるか、大切な人を幸せにできるか、そういう自分への問いかけです。たぶん、人生は自作自演のドラマです。だとしたら、自ら描くその脚本は、ロマンティックな方がステキです。「Be romantic!」、そう自分自身に言い聞かせています。それが、冒頭でお話した「大丈夫か？」の正体です。

## ⑩秘密結社マーケティングは応用できる

○○協会、○○連盟、○○機構、○○倶楽部。本来、そういった団体名称は、そのテーマの公式団体だと認識されるものです。そんなオフィシャル感を逆手にとり、不思議な公式団体が、世の中にはたくさん存在し、それぞれのテーマに賛同した人たちの「共感」でつながっています。本書では、そういった大胆かつ挑戦的な公式団体を、「秘密結社的コミュニティ」と呼んでいます。一方、そういった面白団体に限らず、あるテーマにコミットし、誰よりもそのテーマに熱く、コミュニティを主催する人に共通するのは、その人自身の強烈な原体験です。それは、彼ら自身が扱うテーマへの「共感」とリンクするため、その活動そのものが、彼らのアイデンティティとなっています。そして、自ら立つ、と決めた人たちは、理念の体現者として圧倒的な熱量をもち、臆することなく、堂々と自分たちの主張を繰り広げ、自分たちのテリトリーを拡大していきます。多くの賛同

を集めるコミュニティであればあるほど、その態度表明の仕方は挑戦的であり、しなやかでユーモアに溢れ、極めてクリエイティブです。著者は、すでに成功している硬派なソーシャルプロジェクトの中にも、「秘密結社マーケティング」的な要素があると考えており、それゆえ、「秘密結社マーケティング」は、あらゆる社会活動に応用できるのではないかと考えています。実際、筆者自身、日本ロマンチスト協会の活動を体験しなければ、いまとは全く異なる能力特性のプランナーになっていたと思います。そういった体験の中で、ソーシャルプロジェクトに向き合う基本姿勢を学ぶことができたことは、筆者にとって大きな財産となりました。そして、これからソーシャルプロジェクトに取り組む人たちにとって、「秘密結社マーケティング」という手法の提案と合わせて、ソーシャルプロジェクトに向きあう基本姿勢こそ、まず考える機会になればと思い、自らの体験を書かせていただきました。

# 終わりに

少し大げさかもしれませんが、近年ブームになったさまざまな現象は、すべて「秘密結社マーケティング」という視点で説明できる気がしています（正確にいえば、秘密結社マーケティング的な要素がある）。少し古いですが、AKBグループの躍進も、独特の世界観と儀式性をファンとの間で共有することで、ファンとのエンゲージメントを獲得できてきたように思えます。誰かにプロデュースされているという意識を超え、「この現象は自分たちの主体的な意思で創造している」という地平に立って活動しているその姿勢が評価され、これまでアイドル文化に無縁だった人たちさえも巻き込み、賛同と称賛を獲得しています。たとえば、ミュージックシーン全体においても、音源を買ってもらうことに主眼を置くのではなく、コミュニティ運営に主眼が置かれるようになっている気がします。つまり、まずは「YouTube」などで音源を無償で開放し、「聞き手という賛同者」の分母を増やすのです。そして、その多くの「共感」を共有する場が、ライブイベント（オンオフ問わず）であり、ファンとの間で、独特の世界観とルールを共有しているミュージシャンが支持されています。この現象に、インターネットが大きく貢献していることは間違いないと思います。インターネット以前は、あるテーマや趣味・嗜好について、どれくらいの「共感」があるのか把握することが困難でした。もちろん、インターネット以前でも、そういったマニアと呼ばれる人たちは、「専門誌」という共通バイブルを通じて交流を続けていました。

熱帯魚ファンには熱帯魚ファンの集いがあり、天体観測ファンには天体観測ファンの集いがあったと思うのです。しかしインターネットの登場によって、彼らはより仲間を発見しやすくなりました。さらに、人の「共感」の切り口は、無限にあり、その「共感」によって人はつながり、その「共感」自体がメディアになり、コミュニティになることがわかりました。SNSのコミュニティがよい例です。たとえば、「実は辛いものが好き」「夫のいびきがうるさい」「妻の小言が大変」「朝の散歩が好き」、そんな些細な切り口でコミュニティをつくるだけで、多くの人が集まります。それは自分事として「共感」できることであり、ついつい自分も発言したくなるような切り口だからです。何かを始めるに、昔ほど労せずに立ち上げられる時代です。思いついたら、30分とかからず、WEBサイトを構築したり、SNSなどでコミュニティが作れます。さらに、AIの発達により、自分自身がAIというクリエイターを使役するプロデューサーになることで、あらゆるクリエイティブは自ら生み出すことができるようになります。今後、あらゆるテーマ領域の「秘密結社的コミュニティ」は、増殖していくと思います。誰もが会社でもない、家庭でもない、第3の居場所として、自分の趣味や嗜好性を堪能できるコミュニティをもつことは有意義なことです。そして、自分の普段の肩書ではない、2枚目の名刺をもつことで、勇気と大胆さが養われるとすればよいことだと思います。自分自身のライフワークとして、アイデンティティとして、遊べる「共感」を見つけることができたら幸せなことです。

終わりに

**波房 克典**

静岡県富士市出身。帝京大学卒業後、成城大学大学院修士課程修了(民俗学を専攻)。
株式会社ワールドエッグス 代表取締役。
一般社団法人日本ロマンチスト協会会長、一般社団法人日本コロッケ協会理事、一般社団法人全国丼連盟事務局長、一般社団法人ご当地ニッポン協会理事。
2005年4月に大手広告代理店・博報堂に入社し、日本政府主導のプロジェクト・地球温暖化防止運動「チーム・マイナス6％」の立ち上げから携わり、事務局の事業設計や事業プロデュースを担ってきた。地域メディアや業界団体との連携による企画を担当。施策の一つである「COOLBIZ(クールビズ)」は社会現象となり、開始5年間で約35,000社の企業、334万人の個人が参加するなど歴史的な国民運動に発展している。
2019年6月に「物語をつくる」をコンセプトに、社会課題を解決する「株式会社ワールドエッグス」を創業し、代表取締役(現職)に就任。

## 秘密結社マーケティング
### 幸せなムーブメントをデザインする。

2025年3月31日　第1刷発行

著　者　波房克典(なみふさかつのり)

発行者　太田宏司郎

発行所　株式会社パレード
　　　　大阪本社　〒530-0021　大阪府大阪市北区浮田1-1-8
　　　　　　　　　TEL 06-6485-0766　FAX 06-6485-0767
　　　　東京支社　〒151-0051　東京都渋谷区千駄ヶ谷2-10-7
　　　　　　　　　TEL 03-5413-3285　FAX 03-5413-3286
　　　　https://books.parade.co.jp

発売元　株式会社星雲社(共同出版社・流通責任出版社)
　　　　〒112-0005　東京都文京区水道1-3-30
　　　　TEL 03-3868-3275　FAX 03-3868-6588

印刷所　創栄図書印刷株式会社

本書の複写・複製を禁じます。落丁・乱丁本はお取り替えいたします。
© Katsunori Namifusa 2025　Printed in Japan
ISBN 978-4-434-35374-1 C0034